AF229804

BIBLIOTHÈQUE
DE
L'ENFANCE CHRÉTIENNE

LE
MISSIONNAIRE
EN ALGÉRIE

TOURS
Ad MAME ET Cie
IMPRIMEURS-LIBRAIRES

EVANGELIVM

LE

MISSIONNAIRE EN ALGÉRIE

Le Missionnaire en Algérie.

Il m'a protesté, en prenant ma main et la pressant sur son cœur,
qu'il m'aimait beaucoup et qu'il serait bien content de me voir
dans son désert.

LE
MISSIONNAIRE
EN ALGÉRIE

Extrait des Lettres de M. l'abbé Suchet, vicaire général d'Alger.

Constantine, 27 février 1839.

Monseigneur s'est décidé à m'envoyer à Constantine, comme la ville la plus importante de la colonie après Alger, et où aucun prêtre n'avait encore paru depuis plus de 1400 ans. C'est une ville tout à fait africaine, située dans l'intérieur des terres, au delà du petit Atlas, entre la mer et le grand désert de Sahara, qui fait partie de ma juridiction. Le grand cheik, qui commande les nombreuses et vaillantes tribus du désert et la grande tribu des Moabites, est venu très-humblement me demander l'a-

mitié du grand marabout des Français ;
il m'a protesté, en prenant ma main et
la pressant sur son cœur, qu'il m'aimait
beaucoup, et qu'il serait bien content
de me voir dans son désert. Je lui ai
répondu qu'étant le ministre du Dieu
qui est le père de tous les hommes, j'ai-
mais tous les Arabes comme mes enfants.
Je suis allé le lendemain faire visite au
hakem ou gouverneur de la ville de Constantine, qui m'avait déjà prévenu en
venant me voir, le jour même de mon
arrivée, avec le kalife Ben-Aïssa, le commandant en chef des armées d'Achmet-
bey. C'est lui qui défendait Constantine
quand les Français l'ont prise. Ces deux
grands personnages m'ont témoigné la
plus vive satisfaction de me voir au milieu de leurs peuples ; ils veulent aussi
à tout prix être mes amis. Le *hakem*,
Sidi Hamonda, voulut m'accompagner
lui même à pied chez son père, vieillard de plus de quatre-vingts ans, qui
est le chef *suprême* de la religion de Mahomet dans ce pays. Ce respectable
vieillard me reçut aussi très-cordiale-

ment, et voulut me faire prendre avec lui du café et des confitures ; il me fit asseoir sur un tabouret, car il n'y a point de chaises chez les musulmans. Il était assis lui-même sur un tapis, à la manière des Turcs, à terre ; devant lui une espèce de cassolette pour faire brûler des parfums, autour de lui des livres de toute grandeur. Il me parla de Jésus-Christ, qu'ils regardent comme un grand prophète. Ils pensent que c'est la religion de Jésus-Christ qui domine maintenant celle de Mahomet, et ils se résignent.

—o✠o—

Constantine, 18 mai 1839.

. . . . Au 1er mai, jour de la Saint-Philippe, nous avons eu une importante et bien touchante cérémonie. C'est le saint sacrifice de la messe que j'ai eu le bonheur de célébrer, en plein air, sous la voûte du ciel, sur les bords du *Rummel,* au milieu d'une vaste plaine entourée de petits mamelons qui étaient couverts d'Arabes. Toute la ville s'y était rendue en masse; et toute la province et le Grand-Désert étaient représentés par les chefs des tribus et les notables des familles. Jamais une aussi nombreuse et aussi singulière réunion n'avait eu lieu en Afrique. Au milieu d'un carré immense formé par les troupes françaises, s'élevait un autel de gazon qu'on avait parsemé de fleurs, et couvert de couronnes et de lauriers que je dois bénir pour être distribués plus tard aux vainqueurs des jeux. Au-dessus de cet autel s'élevait un magnifique trophée d'armes ombragé par le drapeau du prophète Mahomet, par celui de la province, et par le drapeau français. Au-dessus de ce trophée singulier s'élevait majestueusement la croix de notre divin Sauveur, qui était en effet le seul vainqueur à qui l'on décernât ce beau triomphe. Tous les grands dignitaires indigènes et les notables de la ville et de la province voulurent accompagner le général et son état-major dans le carré des troupes, tout auprès de l'autel ; ils assistèrent à la célébration de la sainte messe avec une espèce d'étonnement qui ressemblait à l'admiration; tous s'inclinèrent comme les Français au moment de l'élévation, et leurs peuples, témoins des hommages que leurs chefs rendaient au Dieu des chrétiens, firent comme eux. Jamais pareil spectacle, ce me semble, n'a été donné à la terre d'Afrique; mon émotion était à son comble. Avant la messe, je ne pus m'empêcher de me retourner vers cette immense et si extraordinaire assemblée, et de lui faire part des sentiments qui remplissaient mon cœur. Les interprètes arabes rendirent tout aussitôt et fidèlement mes paroles, et, à la fin de la cérémonie, tous vinrent me complimenter et me baiser la main. Je ne vous parle pas maintenant des jeux, des luttes, des carrousels qui terminèrent la journée; on avait fait dresser une tente pour les religieuses et pour moi; nous fûmes témoins de ces jeux, et les religieuses furent choisies pour couronner les vain-

queurs. Jamais rien de plus bizarre et
de plus touchant en même temps que
de voir ces Africains noirs, cuivrés ou
blancs, s'agenouiller devant des religieuses françaises, et recevoir sur leurs
têtes, eux, ces farouches enfants du désert, des couronnes de la main timide
et tremblante d'humbles sœurs de la
Charité.

-o0o-

Constantine, 2 juin 1839.

. . . . Il y a quelques jours une dé-
putation des notables du désert, ayant
à leur tête le *cheik el arab* (le grand chef
du désert) et le jeune neveu d'Achmet-
bey, s'est présentée chez moi pour me
prier avec les plus vives instances d'aller au désert soigner les malades, pour
faire parmi eux ce que nous faisons ici,
à Constantine, me disant que nous y se-
rions reçus en triomphe et traités comme
les souverains du pays; que l'oasis qu'ils
habitent est un véritable paradis; que
nous aurions aussi une mosquée pour

notre Dieu, et qu'ils le prieraient avec nous. Ils nous ont amené des chameaux et des chevaux le plus superbement harnachés pour nous porter, et nous ont assurés que, si nous ne nous babituons pas avec eux, ils nous ramèneront à Constantine... Je leur ai répondu que nous ne pouvions pas nous rendre à leurs désirs en ce moment; mais qu'aussitôt que nous le pourrions, nous irions vivre avec eux dans leur beau désert, et que nous les aimions aussi tendrement que les habitants de Constantine... Ils ont ressenti la peine la plus vive de notre refus, et sont restés plus de huit jours à attendre si nous nous déciderions enfin à partir avec eux. Ils sont partis hier seulement en versant des larmes et en nous disant qu'ils reviendraient bientôt nous faire les mêmes instances, et que nous nous laisserions toucher...

..... J'ai été témoin, il y a quelques semaines, d'un enterrement arábe. Vous seriez peut-être bien aise de savoir comment se fait cette lugubre cérémonie. Le

mort est placé, sans bière, sur un brancard porté sur les épaules par quatre
hommes. Il est enseveli dans un drap
neuf et très-blanc, et recouvert d'un
tapis en soie rouge et jaune, sur lequel
sont brodés des croissants, des étoiles,
un soleil et quelques caractères arabes.
Arrivé près de la fosse, on dépose le
brancard à terre; le marabout s'approche
du cadavre et prie debout avec dévotion
et en silence; il impose les mains sur
le défunt, puis, en finissant, il élève
ses mains et ses yeux vers le ciel d'une
manière très-expressive. Tous les assis-
tants, rangés derrière le marabout sur
une seule ligne, font les mêmes céré-
monies. La prière finie, quatre des assis-
tants élèvent un peu, par les quatre
coins, l'espèce de drap mortuaire, tan-
dis que deux fossoyeurs se glissent des-
sous pour enlever le défunt et le placer
avec la plus grande précaution dans la
fosse, sur le côté droit, dans l'attitude
d'un homme qui dort. Ceux qui portent
le drap mortuaire le tiennent alors sus-
pendu sur la fosse, de manière qu'il

faut se coucher à terre pour voir ce que font les fossoyeurs. C'est ce que j'ai fait, et j'ai vu qu'ils avaient construit un petit mur en pierres sèches autour de la fosse, qu'ils recueillaient avec respect les ossements épars sur la terre et les plaçaient auprès du mort, la tête sous la tête, pour lui servir nomme d'oreiller; et les autres ossements, devant lui et à ses pieds. On recouvrit ensuite la tombe de larges dalles en pierre brute, en sorte que la terre ne pût pas pénétrer jusqu'au cadavre... Cette inhumation silencieuse, ces espèces de mystères du sépulcre ont quelque chose de triste et d'imposant. Avant de m'approcher, j'avais demandé au marabout si je pouvais assister à cette cérémonie : il me dit qu'il en était même très-satisfait. Quand tout fut fini, je lui fis quelques signes et balbutiai quelques mots pour lui faire comprendre que j'avais trouvé cette cérémonie très-touchante. Je lui montrai le ciel, puis la fosse qu'on venait de fermer, et lui dis, comme je pus, que le corps tombait en poussière, mais que l'âme retournait à Dieu, qui la récompensait ou la punissait selon ses mérites...; que Dieu était le père de tous les hommes, mais que tous les hommes ne le connaissaient pas, et qu'ils ne le servaient pas comme il voulait être servi, etc. Il me comprit parfaitement et me dit : *Kif-kif soæ-soæ,* qu'il pensait comme moi, et, pour me montrer avec plus d'énergie qu'il me comprenait, il prit de la terre dans sa main, puis de l'autre il me montra le ciel, et, en élevant ses yeux humides de larmes, il dit : *Ia allaha! baba, baba be- coul radjel :* O mon Dieu! vous êtes père de tous les hommes ! Puis il me fit com- prendre que notre corps devenait pous- sière, mais que Dieu, qui avait eu soin de ce corps pendant la vie, le ressusci- terait un jour pour qu'il fût heureux ou malheureux. Je lui dis que les *les mara- bouts français* enseignaient la même doc- trine; il me répondit qu'il le savait bien et que notre religion était plus parfaite que la leur. Je lui dis : « Alors je vous l'ap- prendrai, cette religion, et je suis sûr que vous l'aimerez... »Il se mit à sourire et me prit la main en me disant : *Semi, semi bezzel coulioum : Soyons toujours tous deux beaucoup amis.* Je lui fis la même invitation, et nous nous retirâmes très-satisfaits l'un de l'autre.

—◦◦◦—

Constantine, 4 septembre 1839.

.... Je dois maintenant vous faire la relation de notre dîner chez le hakem.

D'abord, vous vous rappelez que le hakem n'avait invité absolument que les religieuses et moi, parce que c'était *tout à fait un dîner de famille* : c'est ce que j'ai voulu dire quand je vous écrivais que *cette invitation extraordinaire était un honneur qu'on ne faisait pas même aux princes.* On nous reçut d'abord dans un magnifique salon, illuminé avec des lustres et décoré presque à la française, avec cette différence qu'au lieu de chaises et de fauteuils il n'y avait que de riches coussins en damas et velours, tissus d'or. On avait pourtant préparé

*

pour moi un magnifique fauteuil en velours à franges d'or, où il fallut m'asseoir comme un roi sur son trône. Les religieuses furent placées sur des coussins avec les maîtres de la maison. Je fus à peine assis qu'une troupe d'esclaves, ayant à leur tête le secrétaire où *taleb* du hakem, vinrent se ranger en ligne devant nous, les yeux fixés sur leur maître, et prêts à exécuter ses ordres au moindre signe. A un mouvement de main, un de ces esclaves apporta à son maître un flacon d'une eau très-odoriférante, dont il fit à tous une copieuse aspersion. Après les compliments d'usage, d'une exagération orientale, le hakem se leva et nous fit visiter en détail toutes les richesses de son salon, en nous présentant avec une satisfaction marquée les objets qu'il avait fait venir de France. On nous fit passer ensuite à la salle à manger, où, par extraordinaire, on avait dressé une table tout à fait à la française, car vous savez que les Arabes n'ont point de table, point de couvert : ils mangent assis à terre, en prenant avec les doigts les mets placés devant eux. Mais à ce dîner nous avions tous des couverts ; nous étions assis autour de la table, sur des bancs recouverts de riches tapis de Turquie, et nous avions pour serviettes les plus beaux cachemires des Indes : nous n'osions vraiment nous en essuyer les doigts ni la bouche. La table était servie avec un luxe tout oriental. La vaisselle était en porcelaine de Chine. Je ne vous dis rien de la prodigieuse quantité de mets qui couvraient cette table, et que dix ou douze esclaves renouvelaient à chaque instant ; en sorte que les plats de différentes couleurs et de différentes formes passaient devant nous presque comme des ombres chinoises. Il fallait pourtant goûter de tous, et, malgré toute notre sobriété, nos pauvres estomacs français en reçurent un terrible échec. Tout était parfumé, jusqu'à l'eau que nous buvions, car, *en bons musulmans*, on ne nous servit *ni vin, ni liqueur*. Au dessert arriva un grand *marabout* : il nous fit d'abord de la porte de grands *salamaleks*, puis il entonna un hymne à notre louange, auquel nous ne comprîmes rien. Pourtant, dans le refrain, nous avons pu entendre que, dans les éloges qu'il nous donnait, il ne s'oubliait pas lui-même. Ses grimaces finies, ils s'approcha de la table, prit avec ses grands doigts maigres et très-blancs une bouchée de pain avec des mûres, qu'il voulut mettre lui-même dans la bouche de chacun de nous. Nous ne crûmes pas devoir nous refuser à cette singulière cérémonie, après nous être assurés, toutefois, que ce n'était pas un acte de la religion de Mahomet, mais simplement un insigne honneur que le marabout voulait nous rendre. Après le dîner, on passa dans le salon pour prendre le café. On parla beaucoup de religion : on exaltait la nôtre ; on la trouvait sublime à cause des grandes vertus qu'elle demande, et qu'elle donne le courage de pratiquer.

J'avais apporté une belle feuille d'images, où étaient représentées les quatorze stations de la passion de Jésus-

Christ, avec des explications et des prières derrière. On était très-attentif aux explications que je fis des souffrances du Sauveur de tous les hommes, et l'on me témoigna le désir de garder la feuille d'images... Vous pensez que je la donnai avec beaucoup de plaisir ; j'en ajoutai beaucoup d'autres, qu'on reçut avec une grande joie et qu'on me promit de conserver avec respect. Le hakem me fit aussi de petits cadeaux, entre autres la belle bourse qui lui servait habituellement ; malheureusement elle était vide. Nous nous quittâmes tous, satisfaits les uns des autres, après nous être promis mille fois que nous nous aimerions toujours comme des frères.

Puisque je suis en train de vous parler de dîners et de visites chez nos bons Arabes, je veux vous raconter encore une visite et un petit dîner tout à fait arabe, que nous sommes allés faire à la campagne chez un notable du pays, qui nous a confié l'éducation de deux de ses fils. Cet homme très-riche est le fils d'un ancien bey de Constantine qui fut tué sous les murs de Tunis, où il était allé porter du secours au bey de cette ville, attaqué alors par les troupes du pacha d'Égypte. Nous allâmes donc, après plusieurs invitations réitérées, le voir dans sa jolie petite maison de campagne qu'on appelle le Jardin, située sur les bords du Rummel, dans un endroit tout à fait romantique. Il nous reçut avec les plus grands honneurs, et avec des démonstrations de la joie la plus franche et la plus vive. Il nous fit entrer aussi dans l'intérieur de sa maison, nous présenta son épouse, qui tient aux deux familles les plus nobles du pays. C'est, dit-on, la femme la plus savante et la plus spirituelle de la contrée ; elle était accompagnée de sa jeune fille *Fathma*, âgée de quinze ans ; toutes deux étaient émerveillées, enthousiasmées de voir des *marabotes francès* (religieuses françaises) et le *marabout* des chrétiens. Ces pauvres musulmanes, comme vous le savez, ne peuvent jamais voir personne. On s'empressa de nous servir un petit dîner tout à fait arabe, que nous mangeâmes comme eux et avec eux, assis par terre, ou plutôt sur de riches coussins placés sur un beau tapis qui nous servait de table. Chacun prenait avec les doigts et au même plat ce qu'il voulait manger; et nous buvions tous dans la même coupe d'argent, remplie d'eau parfumée. Après le dîner, le mari et la femme voulurent que je leur parlasse de la religion chrétienne. Croyant d'abord que c'était par politesse pour nous (comme étant avec des religieuses et un prêtre), je ne m'empressais pas de satisfaire à leurs questions; alors ils mirent entre mes mains un livre qu'on appelle Alphabet des Saints, dont chaque lettre sert d'initiale à un nom de saint des plus illustres de l'Église catholique, et le mari me dit avec émotion : « J'ai acheté moi-même ce livre à Alger pour m'apprendre la religion catholique, que je veux connaître; je veux que mon épouse et mes enfants la connaissent aussi, et c'est pour cela que je vous ai confié mes deux fils, pour qu'ils apprennent votre religion en même temps qu'ils apprendront la langue française. Pendant qu'il me parlait ainsi, son épouse regardait fixement la croix que les religieuses portent sur leur poitrine. Elle demanda tout à coup à baiser *Sidnaïssa* (Jésus-Christ). La sœur lui ayant présenté sa croix, elle la pressa vivement sur ses lèvres...; puis, l'ayant retournée et voyant de l'autre côté l'effigie de la sainte Vierge, elle s'écria : *Ah ! Lélé Mariem !...* ensuite elle la baisa avec attendrissement. Après cette scène touchante et le langage du mari, je ne doutai plus de leur bonne foi. Alors je donnai une petite statuette de la sainte Vierge au mari, une médaille aussi de la sainte Vierge à son épouse et à sa fille. J'aurais bien voulu avoir une croix pour la leur donner. Ils suspendirent aussitôt ces médailles à leur cou. Je leur dis : « Puisque vous aimez tant *Lélé Mariem*, il faut lui faire tous les jours, le matin, à midi et le soir, cette petite prière : *Sainte Marie, Mère de Dieu, priez pour nous pauvres pécheurs.* » Aussitôt ils voulurent que je leur répétasse plusieurs fois cette prière, et la femme alla chercher un stylet en roseau dont les Arabes se servent pour écrire, et elle écrivit sur un cahier cette prière, en arabe et en français. Les voyant si bien disposés, je leur récitai, ou plutôt je leur lus le *Pater*, l'*Ave* et le *Credo*, que j'avais fait traduire en arabe; ils m'arrêtaient à chaque mot pour le leur expliquer; ils écoutaient mes explications avec un grand respect mêlé d'admiration, et ils me disaient d'une manière très-expressive : « Qu'il est bon votre Dieu ! il est aussi le nôtre, car nous n'en avons qu'un comme vous. » Ils comprirent assez bien qu'il y a deux natures en Jésus - Christ et une seule personne, et que c'est la nature humaine qui a souffert; qu'il est mort comme homme et non comme Dieu ; qu'il est *ressuscité*, etc. Ils maudissaient de bon cœur les Juifs qui ont *fait mourir Sidnaïssa si bon*. Ils comprirent aussi assez bien le mystère de l'Incarnation, et le culte que nous rendons à Marie comme Mère du Fils de Dieu fait homme... Après cet entretien, qui me jetait dans le ravissement, ils me prièrent avec instance de revenir les voir souvent; vous pouvez bien penser que je n'y manquerai pas.

Nous allâmes ensuite faire une promenade dans un bois d'orangers, de grenadiers et d'oliviers, qui couvre cette campagne : nous rencontrâmes dans ce bois quelques Kabyles qui travaillaient, d'autres qui dormaient, couchés sous les arbres. Le bruit se répandit bientôt dans leur tribu, qui n'est pas loin de là, que le marabout français et les religieuses étaient dans ces parages. Dans quelques instants nous vîmes arriver le chef de la tribu, gros vieillard à barbe blanche, tout réjoui et très-gracieux; il était accompagné d'une troupe d'autres Kabyles, qui nous apportaient du lait et des fruits. Ce bon vieillard fit mettre à terre ce lait et les fruits; nous nous assîmes sur l'herbe, et nous fîmes avec ces braves et fiers Kabyles un joyeux petit repas. Ces pauvres sauvages n'avaient jamais mangé en meilleure compagnie; aussi ils ne se possédaient pas de joie : je vous laisse à juger si nous étions heureux nous-mêmes.

-o§§o-

Philippeville, 1er janvier 1840.

En quittant Bône, il y a trois jours, à onze heures du soir, j'ai été témoin du naufrage d'une petite embarcation qui suivait notre bâtiment à vapeur, *le Styx*; rien de plus déchirant, ce me semble, que le spectacle d'un naufrage au milieu de la nuit. Huit hommes, tous marins, du navire stationnaire *l'Émulation*, qui avait mouillé au fort Génois, à une lieue de Bône, étaient dans cette embarcation, et se rendaient à leur navire. Le commandant de *l'Émulation* était monté à notre bord avec un de ses marins. Nous étions déjà à un quart de lieue de Bône, lorsqu'on entendit des cris horribles que le bruit de notre machine à vapeur nous empêchait de bien distinguer. Un matelot qui se trouvait sur la dunette avait compris ce signal et se mit à crier : *Au secours ! l'embarcation est chavirée !*

Notre bâtiment s'arrête ; une profonde stupeur s'empare de tous les passagers ; je commençais à être un peu malade, le cœur me revint aussitôt. Je vole sur la dunette avec le commandant du navire et plusieurs autres officiers de marine. Les cris affreux des pauvres naufragés viennent alors distinctement frapper nos oreilles et déchirer notre cœur. Je tremblais de tous mes membres pour le salut de ces pauvres infortunés ; je leur donnai une absolution générale, et je priai le grand saint Augustin *de les sauver tous.* Je distinguais encore, à la faveur d'une nuit assez claire, le mamelon d'Hippone ; je conjurai donc le grand saint de ne pas permettre que ces hommes périssent en vue de cette terre où il avait opéré tant de prodiges. Après cette prière, le calme revint subitement dans mon âme, et, contre toute apparence, j'avais la confiance que saint Augustin les sauverait. Pendant ce temps-là on s'empressait de mettre tous les canots de notre bâtiment à la mer, pour aller au secours des naufragés, dont on entendait encore de temps à autres les cris de détresse. Le commandant du vaisseau auquel appartenaient les naufragés leur criait : *Courage, enfants, mes chers camarades, on y va.* Puis il demanda avec anxiété au seul matelot qui restait auprès de lui : *Reconnais-tu la voix de ceux qui crient ?...* Le matelot répondit : *Je distingue la voix de trois seulement* (et il les nomma). — *Les autres sont donc déjà perdus !* dit le commandant. Le matelot reprit : *Ce n'est pas étonnant, commandant, il y en trois qui ne savent pas nager...* — *O mon Dieu !* nous écrions-nous tous, *sauvera-t-on du moins les autres ?...* Tout à coup il se fit un silence plus affreux que les cris, et qui nous saisit d'effroi. On ne voyait rien... on n'entendait plus rien... Un silence de stupeur régnait sur notre bâtiment... Tout le monde se penchait pour écouter si l'on n'entendrait pas au moins le bruit des rames des canots qui étaient allés au secours des infortunés. Le commandant de *l'Émulation*, n'y tenant plus, s'écria d'une voix de Stentor :

Enfants, mes amis ! où êtes-vous tous?...
— *Tous sauvés !... mon commandant...*

A cet instant tout le monde respire...; il semblait que notre vie, un instant suspendue, nous revenait à tous... Pour moi, je me mis à pleurer comme un enfant; bien longtemps je remerciai saint Augustin..., la sainte Vierge... Je récitai l'*Ave, maris stella...* et toutes les prières d'actions de grâces qui me vinrent au cœur... Je savais à peine ce que je disais... La barque qui amenait nos heureux naufragés aborde notre bâtiment. Je me précipite à l'échelle pour vcir, pour toucher, pour bénir ces pauvres naufragés, et leur adresser quelques paroles de félicitation. On les fit descendre auprès de la machine à vapeur pour les sécher, et on leur donna tous les soins qu'exigeait leur état.

J'ai admiré la sollicitude, la tendresse toute paternelle du commandant de l'*Émulation.* Quand il fut assuré qu'aucun de ses hommes n'avait péri, il s'écria d'une manière énergique : *Je me soucie peu du reste; que ma barque, que mes*

effets, que tout ce qu'il y avait dans l'em-
barcation soit perdu..., mes hommes sont
sauvés !... On alla pourtant chercher la
barque chavirée, que l'on ramena la
quille en l'air, et qu'on put remettre à
flot après quelques réparations.

Ce qui contribua beaucoup à sauver
ces infortunés, c'est que leurs cris de
détresse avaient été entendus du port
de Bône, où quelques barques de Mal-
tais montées par leurs maîtres avaient
mouillé. Aussitôt l'un d'eux arrive avec
sa barque légère, et a le bonheur de
sauver deux de ces malheureux. Ils
étaient néanmoins restés tous plus d'une
demi-heure sans qu'aucun secours leur
arrivât.

—o◊◊o—

Alger, 4 janvier 1840.

.... Je veux vous tracer succincte-
ment et à la hâte l'histoire touchante
d'une petite fille échappée comme par
miracle aux massacres qui ont suivi les
premiers moments de la victoire, après

le second siége de Constantine. Cet intéressant épisode est presque inconnu ; les
journaux de l'époque en ont seulement
dit quelques mots, sans être bien infor-
més, comme cela leur arrive souvent.
Pour moi, je tiens le récit que je vais
vous faire de la bouche même du sergent
qui a sauvé cette malheureuse enfant,
et de celle du capitaine qui l'a reçue
des mains du sous-officier, et qui lui a
servi de père.

Ben-Aïssa, général en chef des troupes
d'Achmet, à qui la défense de Constantine avait été confiée, ne pensant pas
que les Français pussent être plus heureux dans le second siége de Constantine
que dans le premier, avait complétement
rassuré les habitants, et avait persuadé à
Achmet-bey lui-même de ne pas sortir de
la ville. L'avis d'un chef si expérimenté
inspirait une confiance générale, et
personne n'avait fait de préparatifs de
retraite. Les soldats français se précipi-
taient déjà en foule sur la brèche, et l'on
se battait dans la rue où le brave colonel
Combes fut frappé mortellement, qu'au-

cun des habitants de Constantine n'avait songé à fuir. Ce ne fut que lorsque nos troupes victorieuses se présentèrent aux portes du palais d'Achmet, et se disposèrent à les enfoncer, que ce prince connut le danger qu'il courait. Alors seulement il s'occupa de pourvoir à sa sûreté, et prit la fuite, laissant le gouvernement de son palais à sa première femme, la célèbre Aïcha. Les aventures de cette dernière, qu'elle m'a racontées elle-même en grande partie, pourraient aussi faire la matière d'un récit fort intéressant ; je reviendrai plus tard sur ce sujet.

Lorsque les habitants de Constantine, qui partageaient la sécurité de leur chef, apprirent le départ précipité d'Achmet-bey, ce fut parmi eux un *sauve qui peut* général. Hommes, femmes et enfants, tous s'élancèrent en désordre vers le côté des murailles opposé à celui qui avait donné accès aux assiégeants. Le point vers lequel se pressait cette foule épouvantée, se trouvait situé au haut des rochers escarpés sur lesquels, comme vous le savez, Constantine est bâtie. Au moyen de cordes jetées le long de ces rochers, les fuyards se laissaient glisser précipitamment jusqu'au fond du gouffre où roule le Rummel, puis ils suivaient le lit du torrent pour gagner la campagne. Un grand nombre de ces malheureux coulèrent jusqu'au fond du précipice, et se brisèrent sur les rochers, soit que la force leur manquât pour cette évasion périlleuse, soit que la frayeur ne leur permît pas de saisir convenablement les cordes. Le fond du gouffre servit de tombeau à ces nombreuses victimes ; et lorsque, plus tard, je visitai moi-même avec soin ce lieu rempli de si tristes souvenirs, j'y trouvai encore une quantité effroyable d'ossements humains !

Cependant nos soldats, encore dans l'exaltation du combat, à la suite d'un siége qui leur avait coûté tant de fatigues et tant de sang, avaient poursuivi les Arabes jusqu'à l'endroit par où ils cherchaient à s'évader, et, parvenus sur la crête du rocher, ils tiraient quelques coups de fusil aux groupes de fuyards qu'ils voyaient encore réunis au fond de l'abîme. Parmi ceux-ci ils remarquèrent surtout une petite fille de six ans environ, qui pleurait amèrement, assise auprès des cadavres de deux femmes... C'étaient ceux de sa mère et de sa tante.

Touché des cris déchirants de cette pauvre enfant et de sa beauté angélique, le sergent qui commandait le peloton défendit à ses soldats de continuer le feu. Le généreux sous-officier éprouvait surtout un vif désir de sauver la jeune victime, dont les cris douloureux l'avaient attendri. Mais comment parvenir jusqu'à elle ? on ne pouvait songer à descendre le long du rocher taillé à pic, et élevé de près de trois cents mètres. D'un autre côté, il y avait un danger imminent à faire le long circuit qui pouvait conduire jusqu'au lieu où se trouvait la pauvre enfant, car il y avait encore, dans les creux de rochers qu'il fallait tourner, beaucoup de Bédouins embusqués, qui tiraient à bout portant sur les Français assez imprudents pour s'engager dans ces gorges escarpées.

Cependant le courageux sergent, n'écoutant que la voix de la pitié, n'hésita pas à parcourir, au péril de sa vie, plus d'un kilomètre à travers ces affreux précipices, et enfin il parvint auprès de la jeune victime qu'il avait résolu de sauver. En le voyant venir à elle, la malheureuse enfant oublie la frayeur que les soldats français inspiraient à tous les Arabes ; elle se jette aux pieds de son libérateur, en lui montrant de la main les deux cadavres, puis se relevant tout à coup elle se jette sur le corps de sa mère, qu'elle appelle et qu'elle embrasse avec une force convulsive... Les vêtements blancs de la pauvre enfant étaient tout couverts du sang de sa mère... Le soldat la croit blessée, et ne peut refuser des larmes à un tel spectacle... Cependant il arrache la malheureuse petite à demi morte de dessus le cadavre qu'elle tient embrassé, et l'emporte dans ses bras. Deux soldats qui l'avaient suivi l'accompagnent encore à son retour, et le défendent contre les coups d'yatagans que des Arabes furieux cherchaient à leur donner en fuyant.

Enfin le sergent arrive avec son précieux fardeau dans la ville, et présente à son capitaine la pauvre orpheline qu'il vient d'arracher, à travers mille dangers, à une mort certaine. Le capitaine, ému au récit du sous-officier, veut prendre sa part dans cette bonne action ; il adopte la malheureuse petite en déclarant qu'elle devient l'enfant de la compagnie, et qu'en souvenir des événements qui viennent de s'accomplir, elle s'appellera *Constantine*. Ces généreuses résolutions reçurent leur accomplissement, et la jeune Arabe fut soignée sous les yeux de son père adoptif, jusqu'à ce qu'il trouvât l'occasion de la confier aux bienfaisantes mains des sœurs de la Charité, à Bône.

Dans cette nouvelle position, la gracieuse petite Constantine faisait l'admiration de ses maîtresses et de ses jeunes compagnes par les charmes de son esprit et par ses qualités angéliques.

Quand elle parlait de sa mère, ses yeux se remplissaient de larmes, et pourtant elle aimait à en parler souvent... Elle disait : « Je suis bien heureuse d'être Française maintenant. Si j'étais Bédouine, on me tuerait comme ma mère... » On n'avait pas de moyen plus sûr de la contrarier, que de la menacer de lui rendre ses habits et de la renvoyer dans les tribus des montagnes. Souvent elle disait : « Je veux toujours être Française ; je ne serai plus jamais Bédouine. »

Pourtant un jour, un Arabe des tribus de la montagne, un Bédouin dans toute la force du terme, père tendre cependant, et inconsolable d'avoir perdu sa femme et sa fille, vint frapper à la porte des sœurs de Bône. On lui avait dit que son enfant avait été sauvée par un soldat français, et déposée entre les mains des religieuses, et il avait fait plus de cent soixante kilomètres pour venir la réclamer. Les larmes aux yeux, il redemandait sa chère petite fille. Les sœurs, craignant qu'il ne fût pas réellement le père de leur

aimable Constantine, ne se hâtèrent pas
d'abord de répondre à ses réclamations;
elles allèrent trouver la jeune Arabe, et
lui dirent qu'un Bédouin demandait à
la voir, sans lui faire savoir que ce Bédouin se disait son père. La pauvre enfant se mit à pleurer, et, se jetant aux
genoux des bonnes religieuses, elle les
suppliait de la garder, s'écriant qu'elle
voulait rester Française, et ne pas re-
devenir Bédouine. Cependant, de son
côté, le père insiste pour voir son enfant;
alors on amène Constantine malgré ses
cris et sa résistance... Mais à peine
l'enfant a-t-elle vu ce Bédouin si re-
douté, qu'elle s'élance dans ses bras,
fondant en larmes, et crie, en se retour-
nant vers ses pieuses maîtresses : « Bédouine, Bédouine, je ne suis plus Française ! Voilà mon père, mon bon père ! »
et elle le couvre de baisers. L'Arabe
serrait son enfant dans ses bras, et, ne
se possédant pas de joie, il s'enfuit précipitamment, et l'emporte sans même
songer à remercier les religieuses qui
lui avaient prodigué des soins si tou-

chants... tant il craignait qu'on ne lui ravît de nouveau sa chère enfant !

J'ai vu depuis ce bon père à Constantine ; il m'a donné de bonnes nouvelles de sa petite fille, et m'a dit qu'en souvenir de sa délivrance il lui avait conservé le nom que les soldats français lui avaient donné. Il me chargea d'exprimer sa reconnaissance au capitaine et aux soldats qui avaient pris soin de son enfant, ainsi qu'aux bonnes sœurs de Bône.

L'excellent capitaine qui avait adopté la jeune orpheline, et qui lui avait réellement servi de père pendant quelque temps, vient d'être promu au grade de chef de bataillon dans un régiment en France ; nous avons quitté Constantine ensemble, et lui-même m'a raconté tous les détails relatifs à sa chère pupille.

FIN

Tours. — Imp. Mame.

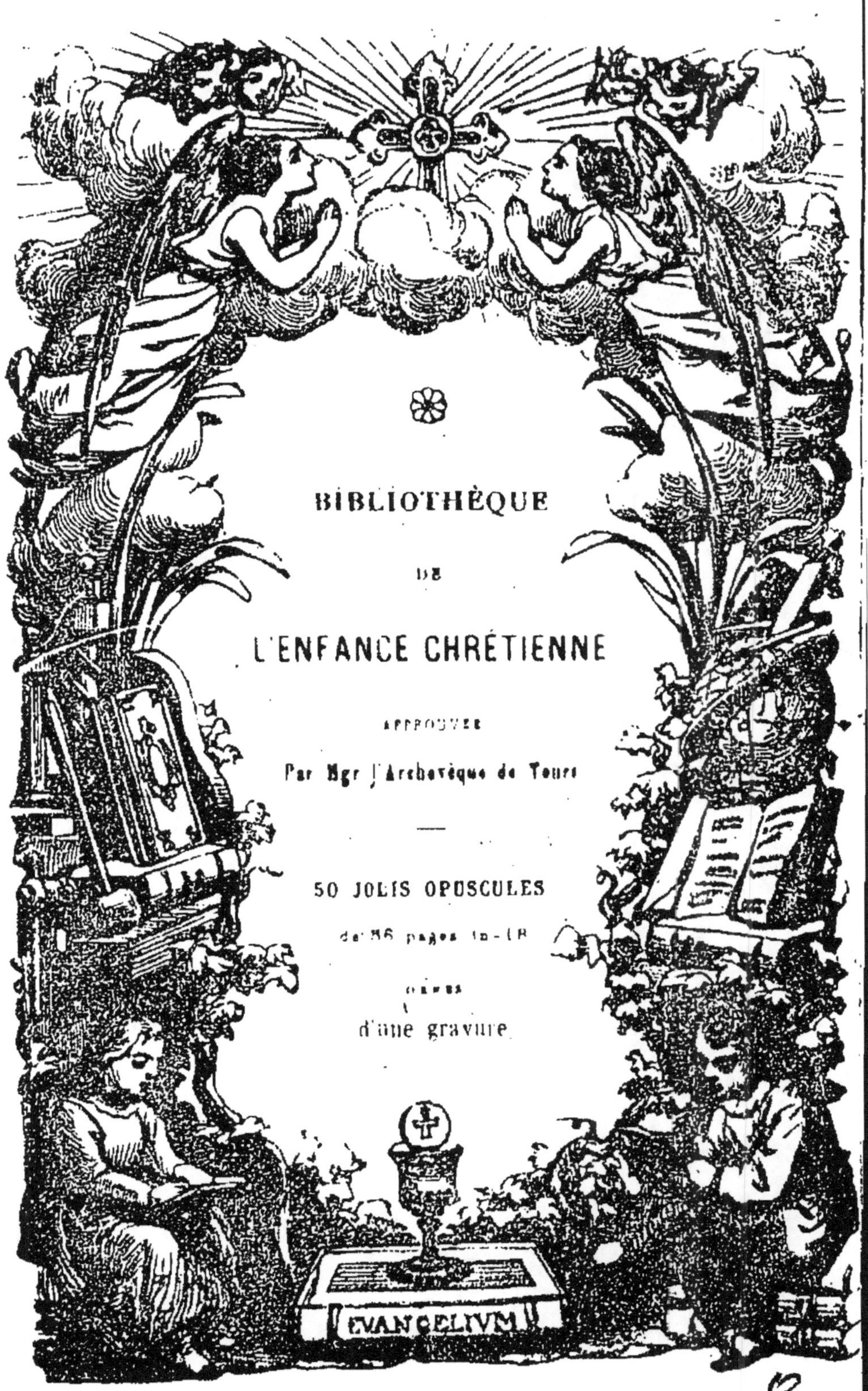

BIBLIOTHÈQUE
DE
L'ENFANCE CHRÉTIENNE
APPROUVÉE
Par Mgr l'Archevêque de Tours
50 JOLIS OPUSCULES
de 36 pages in-18
ornés
d'une gravure
EVANGELIVM